평범한 우리 어린이들을 다음 세대
위인으로 만들어 줄 교과서 위인 이야기!
효리원의 교과서 위인 이야기는 초등학교
교과 과정에 나오는 국내외 위인들을, 우리나라
최고 아동 문학가 53인이 재미있게 동화로 구성했습니다.
지혜와 용기로 위대한 삶을 산 위인들의 이야기는,
어린이들의 마음속에 '나도 할 수 있다.'는
희망의 씨앗을 심어 줄 것입니다!

일러두기

1. 띄어쓰기와 맞춤법 : 초등학교 국어 교과서와 국립국어원의 『표준국어대사전』을 기준으로 하였습니다.

2. 외래어 지명과 인명 : 국립국어원의 『외래어 표기 용례집』을 기준으로 하였습니다.

3. 이해가 어려운 단어 : ( ) 안에 뜻풀이를 하였습니다.

4. 작가 연보 : 연도와 함께 나이를 표기하고, 업적을 간략히 소개하였습니다. 우리나라 위인은 태어난 해를 한 살로 하였고, 외국 위인은 만 나이를 한 살로 하였습니다. 정확한 자료가 없는 위인은 연도와 업적만을 나타냈습니다.

5. 내용 구성 : 위인의 삶은 역사적 자료를 바탕으로 최대한 사실적으로 구성하였습니다. 그러나 읽는 재미를 위해 대화 글이나 배경 묘사, 인물의 감정 표현 등에 작가의 상상력을 가미하였습니다.

6. 그림 구성 : 문헌을 바탕으로 위인이 살던 시대를 충실히 나타내도록 하되 복식의 색상이나 장식, 소품, 건물 등은 작가의 상상으로 그렸습니다.

7. 내용 감수 : 각 분야의 전문가들로 구성된 편집 위원들이 꼼꼼히 감수를 하였습니다.

편집 위원

김용만(우리역사문화연구소장)
교과서에서 만나는 위인들을 중심으로 일화와 함께 그림과 사진을 곁들여 지루하지 않게 읽을 수 있습니다. 술술 읽다 보면 학교 공부에도 많은 도움이 될 것입니다.

신현득(동시인, 전 새싹회 회장)
우리가 자주 듣고 접하는 역사 속 실존 인물들이 자신의 꿈을 이루기 위해 어떻게 노력했는지 깨달아 가면서 우리 어린이들은 한층 더 성숙해질 것입니다.

윤재운(동북아역사재단 연구 위원)
위인전을 읽으면서 어린이들은 시대를 넘어 간접 체험을 할 수 있습니다. 어떻게 살아야 하는지 인생에 대한 동기 부여와 함께 삶이 보다 풍요로워질 것입니다.

이은경(철학 박사, 전북과학대 유아교육학과 교수)
한 사람의 인격과 품성은 어릴 때 형성됩니다. 따라서 초등학교 저학년 때 어떤 책을 읽느냐에 따라 생각의 크기가 달라집니다. 어린이의 미래를 위해 이 책은 꼭 읽어야 합니다.

이창열(하버드 물리학 박사, 전 국가과학기술자문회의 전문 위원)
세상을 바꾼 위대한 인물의 이야기는 어린이의 인성 및 감성 발달에 큰 영향을 미칠 뿐 아니라 실험 정신과 개척 정신을 길러 줍니다. 용기와 지혜로 세상을 헤쳐 나가는 당당한 어린이를 꿈꾼다면 이 책은 꼭 한번 읽어 보아야 합니다.

정재도(한글학자)
위인으로 일컬어지는 이들은 어떤 생각을 하고, 어떤 삶을 살았을까요? 그들의 흔적을 담은 위인전은 복잡한 현대를 이끌어 갈 우리 어린이들에게 나침반과 같은 역할을 할 것입니다.

조수철(서울대학교 의과대학 소아정신과 교수)
위인전은 시대와 신분, 업적이 다른 위인들의 삶이 다양하고 흥미롭게 구성되어 있어 손쉽게 여러 삶의 모습을 만날 수 있습니다. 용기 있게 고난을 헤쳐 나간 위인의 이야기를 통해 삶의 지혜를 배울 수 있을 것입니다.

국내외에서 독립운동을
펼친 민족의 지도자

김 구

송재찬 글 / 원유성 그림

효리원
hyoreewon.com

백범 김구 선생님은 칠십 평생을 우리나라의 독립과 자유만을 생각하다 돌아가신 분입니다.

이 책에서는 어린이들이 이해하기 쉽도록 일화 중심으로 엮으면서 김구 선생님의 사상과 나라를 위해 한 일들을 쉽게 알 수 있도록 나타냈습니다. 처음에는 일화를 중심으로 내용을 파악하며 읽고 중심 생각 찾기에서는,

'김구는 왜 과거 시험을 보려고 하였습니까?'

'김구가 동학에 들어간 것은 동학의 어떤 정신 때문입니까?'

'김구는 왜 중국으로 떠났습니까?'

'김구가 중국에서 한 일은 어떤 일입니까?'

'안두희가 김구를 암살한 까닭은 무엇입니까?'

등을 차례대로 미루어 생각하며 읽으면 좋겠습니다. 또한 김구 선생님의 이름이 어떻게 바뀌었는지도 살펴보도록 합니다.

백범 김구 선생님은 우리나라가 일제의 침략으로 신음할 때 있는 힘을 다해 싸웠습니다. 27년 동안 타국 땅을 떠돌면서 그가 생각한 것은 첫째도, 둘째도, 셋째도 대한민국의 완전한 자주 독립이었습니다.

어린이가 이 부분을 함께 생각할 수 있도록 지도해 주시고 나라를 빼앗기면 어떤 점이 힘들고 불편한지 함께 이야기해 보시기 바랍니다.

   김구 선생님은 칠십 평생을 오직 우리나라의 독립과 통일만을 생각하다 세상을 떠나신 분입니다. 얼마나 나라를 사랑했는지는 선생님의 자서전인 『백범일지』에 잘 나타나 있습니다.

   선생님은 『백범일지』에, "'네 소원이 무엇이냐?' 하고 하느님이 내게 물으신다면, 나는 서슴지 않고 '내 소원은 대한 독립이오.' 하고 대답할 것이다."라고 써 놓았습니다.

   우리나라가 일본의 무자비한 발굽 아래 마구 짓밟힐 때 선생님은 목숨을 다하여 맞서 싸웠습니다.

   선생님은 일본군 때문에 우리나라에서 살지 못하고 중국을 떠돌며 독립운동을 하였습니다.

   선생님은 가셨지만 그의 위대한 삶은 우리 마음에 영원히 살아 있습니다.

글쓴이 송재찬

차례

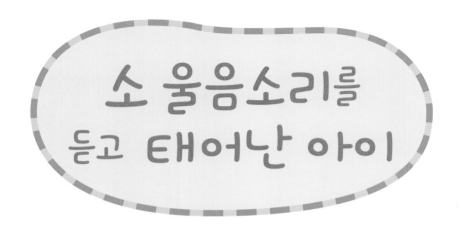

소 울음소리를 듣고 태어난 아이

황해도 해주 땅 텃골에 사는 젊은이 김순영은 경순왕 33대 후손입니다. 그렇지만 윗대의 할아버지 한 분이 역적으로 몰리는 바람에 보통 사람인 상민이 되고 말았답니다.

그는 아내와 함께 아주 가난하게 살았어요. 그런데 아내가 아기를 낳을 날이 지났는데도 아기는 세상에 나올 기미를 안 보이는 거예요. 김순영의 아내는 몇 시간 전부터 아기를 낳기 위해 힘을 쓰고 있었습니다.

사람들은 아기가 빨리 태어나기를 기다렸지만 방에서는

김구 | 1942년, 중국 중경에서 망명 생활을 하던 때의 모습입니다.

'아이구, 배야! 아이구, 배야!' 하는 신음 소리만 계속 흘러나왔어요. 아빠가 될 김순영은 땀이 배인 손을 비비며 초조하게 소식을 기다렸습니다. 아기 울음소리는 좀처럼 나오지 않았습니다.

기다리다 못해 어느 친척 어른이 말했습니다.

"안 되겠다. 애아범 될 사람이 소의 길마(소 등에 짐을 실을 때 안장처럼 얹는 도구)를 머리에 쓰고 지붕 위로 올라가야겠어. 그리고 소처럼 크게 울어야 해."

"빨리 올라가. 저러다 아기를 낳기 전에 엄마가 죽겠어."

"알았습니다. 올라가겠습니다."

길마를 쓴 김순영은 지붕 위에서 '움머, 움머!' 소 울음소리를 내었습니다.

그때였어요.

'으앙!' 하는 소리가 방에서 터져 나왔습니다.

마침내 아기가 태어난 거예요. 아버지의 소 울음소리에 대답이라도 하듯 말이에요.

아버지가 된 김순영은 아기의 이름을 창암이라고 지었습니다. 김창암, 이 아이가 바로 우리 민족의 지도자 김구입니다.

창암이 다섯 살 되던 해, 가족들은 바닷가인 강령 삼가리로 이사했어요.

어느 날, 부모님은 들로 일을 하러 나가고, 창암 혼자서 집을 보고 있었습니다. 그때, 엿장수가 '찰각찰각!' 가위 소리를 내며 지나갔습니다. 창암은 엿이 먹고 싶었어요.

'엿장수가 아이들 고추를 따 간다.'는 어른들의 말이 생각나

무서웠지만, 창암은 자꾸 엿이 먹고 싶었습니다.

 '뭘로 엿을 사지? 맞아, 아이들이 헌 숟갈을 주고 엿을 바꾸어 먹었어.'

 창암은 아버지의 숟갈을 밟아 구부렸습니다.

그렇지만 엿장수가 고추를 따 갈까 봐 무서웠어요.

창암은 문고리를 안에서 잡아 쥐고 크게 소리쳤습니다.

"아저씨! 아저씨!"

"왜 그러냐?"

엿장수가 소리치며 달려왔어요.

"여기 숟갈요!"

창암은 문구멍으로 쑥 구부려뜨린 숟갈을 내밀고 엿을 받았습니다.

"창암아, 너 지금 먹는 게 뭐냐?"

정신없이 엿을 먹는데 아버지가 들어오셨습니다.

달리 거짓말을 할 수도 없었습니다.

창암은 솔직히 모두 털어놓았습니다.

"너무도 엿이 먹고 싶어서 그만……."

"또 그러면 혼내 줄 테다. 알겠니?"

아버지는 으름장만 놓고 용서해 주었습니다.

대들보에
매달린 아이

아버지가 엽전 스무 냥을 아랫목 이부자리 밑에 넣어 두고
밖으로 나가며 말했습니다.

"마실 다녀올 테니 집 잘 봐라."

"네, 안녕히 다녀오세요."

혼자 집을 지키던 창암은 심심해졌어요.

'아이, 뭐 하며 놀지? 참, 아까 아버지가 숨겨 둔 돈……'

창암은 망설이지 않고 엽전을 꺼내 허리에 감았습니다.

'이 돈으로 떡을 사 먹어야지.'

창암은 집을 나섰습니다. 얼마쯤 가다가 친척 할아버지 한 분을 만났습니다.

"창암이구나. 허리에 돈까지 두르고 어디 가니?"

"떡 사 먹으러 가요."

"떡? 누가 돈을 주던?"

"누가 준 게 아니고 이건 아버지가 이불 밑에 넣어 둔 돈이에요."

"아이구, 이놈 봐라. 간도 크다."

할아버지는 그 돈을 빼앗아 아버지에게 주었습니다.

아버지는 화가 나서 얼굴이 벌게졌어요. 창암을 빨랫줄로 꽁꽁 묶어 대들보에 매달아 버렸습니다.

"이놈, 또 한 번만 더 그런 못된 짓을 해 봐라."

"아버지, 잘못했어요. 용서해 주세요. 어머니! 어머니!"

창암이 펑펑 울며 어머니를 불렀지만, 어머니는 집에 없었습니다. 다행히 지나가던 친척 아저씨가 창암이 울부짖는 소리를 듣고 달려왔습니다.

"창암아, 다음부턴 절대 그러면 안 된다."

친척 아저씨 덕분에 창암은 대들보에서 내려졌습니다.

"아버지, 잘못했습니다."

창암은 훌쩍거리며 용서를 빌었습니다.

장난꾸러기 창암은 비가 계속 내리는 장마철이 되자 무척이나 심심했어요.

'아이 참, 비가 와서 나가 놀 수도 없고. 아이, 심심해. 어? 매미가 운다. 비가 그쳤나 보다.'

창암은 활짝 웃으며 집 밖으로 나갔습니다.

비가 그치고 햇빛이 쨍쨍했어요. 길에는 여기저기 새로운 시내들이 만들어져 노래하듯 졸졸 흐르고 있었습니다.

"야호!"

졸졸졸 흐르는 시내를 보자 번개처럼, 창암의 머릿속에 멋진 생각이 떠올랐어요. 부리나케 집 안으로 들어가 물감을 찾아내 시내에 풀었습니다. 어머니가 옷에 물감을 들일 때 쓰는

물감입니다. 물감은 시냇물 속에서 아름답게 퍼지며 흘러갔습니다. 서로 다른 색들이 하나로 만날 때는 색깔이 변하며 흘러갔어요. 무척 신기해서 창암은 여기저기에 자꾸 물감을 뿌렸습니다. 어머니가 집에서 나오다 경중경중 뛰어다니며 좋아하는 창암을 보았습니다.

"창암아, 너 지금 뭐 하니?"

"어머니, 이것 좀 보세요. 정말 신기해요. 초록색과 노란색이 만나면 연두색이 되어요."

"아이구, 이 귀한 물감을! 이리 와."

화가 난 어머니는 창암을 끌고 집으로 갔습니다. 어머니는 참을 수 없다며 회초리를 들었습니다. 창암은 펄쩍펄쩍 뛰며 소리를 치는데 시내는 아름다운 색을 만들며 흘러갔습니다.

글공부

창암은 열두 살 소년이 되었습니다.

'상놈 신세를 벗어나려면 공부를 해야 해. 나라에서 보는 시험인 과거에 붙으면 양반이 될 수 있어.'

창암은 혼자 생각했습니다. 한글을 읽을 수 있고 어깨 너머로 천자문도 배웠지만, 과거 시험을 보려면 더 많은 공부를 해야 했습니다.

"아버지, 저도 공부를 하게 해 주세요. 열심히 해서 저도 양반이 되겠어요."

"좋은 생각이야. 그렇지만 우리 마을엔 서당이 없지 않니. 이웃 마을에 서당이 있지만, 거긴 양반집 아이들만 다니는 곳이니 너를 받아 줄 리 없을 거야."

아버지는 창암의 뜻을 기특하게 여기고 여러 생각을 하다가, 자기 집에 상놈을 위한 글방을 내기로 했습니다. 아이들을 가르칠 훈장님으로 이웃 마을에 사는 이 생원을 모셔 왔어요. 그는 양반이었지만 학문이 깊지 않아 양반 서당에서는 데려가지 않는 사람이었습니다.

공부는 창암이네 사랑방에서 했습니다. 훈장님의 식사도 창암이네가 맡았습니다.

창암이는 열심히 글공부를 했습니다. 아침 일찍 훈장님 방으로 가서 그날 공부할 것을 미리 배웠어요. 그렇게 미리 공부한 것을 먼 데서 오는 동무들에게 가르쳐 주기도 했지요. 먼 데서 오는 동무들은 점심으로 밥그릇 망태기를 메고 왔어요. 밥그릇 망태기를 방구석에다 놓고 공부를 하는 거예요. 창암은 집안일을 도우면서도 열심히 공부했습니다. 밤에 보

리 찧는 어머니를 도우면서도 낮에 배운 것을 소리 내어 외웠습니다.

창암이네 집에 차린 글방은 학생들이 점점 불어났습니다. 사랑방이 비좁을 정도가 되었어요.

"이제 이곳이 좁아 더 이상 학생을 받아들일 수가 없어서 글방을 옮기기로 했으니 오늘까지만 여기서 하고 내일부터는 신 존위 댁에서 공부를 한다. 그러니 내일부터는 잊지 말고 그리로 모이도록 해라."

훈장님 말씀대로 서당은 고개 넘어 신 존위 집으로 바뀌었습니다. 창암은 아침 일찍 밥그릇 망태기를 메고 고개를 넘어갔어요. 먼 길이지만 창암은 조금도 힘들지 않았습니다. 고갯

길을 오가면서도 글을 외웠어요.

한문 공부는 쓰는 것 못지않게 우선 외워야 합니다. 서당 공부는 배운 것을 여러 어른들 앞에서 외우는 강(講)이란 시험이 있습니다. 이 시험에서 1등을 하는 아이는 언제나 창암입니다. 그만큼 창암은 글공부에 열심이었어요. 훈장인 이 생원은 창암을 가장 칭찬하며 사랑했습니다. 창암도 이 생원을 믿고 잘 따랐습니다.

"창암아, 넌 앞으로 훌륭한 사람이 될 게야. 지금처럼 앞으로도 더욱 공부에 힘써라. 넌 보통 아이가 아니다."

"명심하겠습니다. 열심히 공부하겠습니다. 많이 가르쳐 주십시오."

그러나 창암은 정든 이 생원과 헤어져야 했습니다. 집주인인 신 존위가 이 생원을 좋지 않게 생각했기 때문입니다.

"원, 양반이 무슨 밥을 그리 많이 먹는지."

이 생원을 못마땅하게 생각한 신 존위는 밥을 많이 먹는 것까지 흉보았습니다. 마침내는 쫓겨나는 신세가 되었습니다.

이 생원과 헤어지게 된 창암은 마음이 미어지는 것 같았습
니다. 아버지처럼 따르던 분이어서 눈물이 펑펑 쏟아졌어요.
며칠 동안 울기만 하며 아무것도 먹지 않았습니다.

이 생원이 떠난 뒤 아버지는 떠돌이 훈장님 한 분을 모셔 왔지만 그분과의 공부는 오래 계속되지 못했습니다. 아버지가 갑자기 온몸이 마비되는 병으로 자리에 눕게 되었기 때문입니다.

공부가 문제가 아니었습니다. 창암은 아버지의 손발 노릇을 해야 했습니다. 잔심부름 역시 모두 도맡아 했습니다.

살림은 점점 어려워졌습니다. 그러지 않아도 넉넉지 못했는데, 약값이며 치료비를 대느라 살림은 더욱 기울어졌어요. 돈을 벌어야 하는 아버지가 일을 못하고 오히려 쓰기만 했으니 그럴 수밖에 없었습니다. 그러나 목숨을 건진 것만도 다행이어서 온 식구들은 아버지 병간호에 매달렸습니다.

식구들의 극진한 간호로 아버지의 병세는 많이 우선해졌으나 몸의 절반은 마비된 상태에서 더 이상 나아지지 않았습니다.

어떻게 해서라도 아버지의 병을 고쳐 보겠다고 어머니는 집까지 팔았습니다.

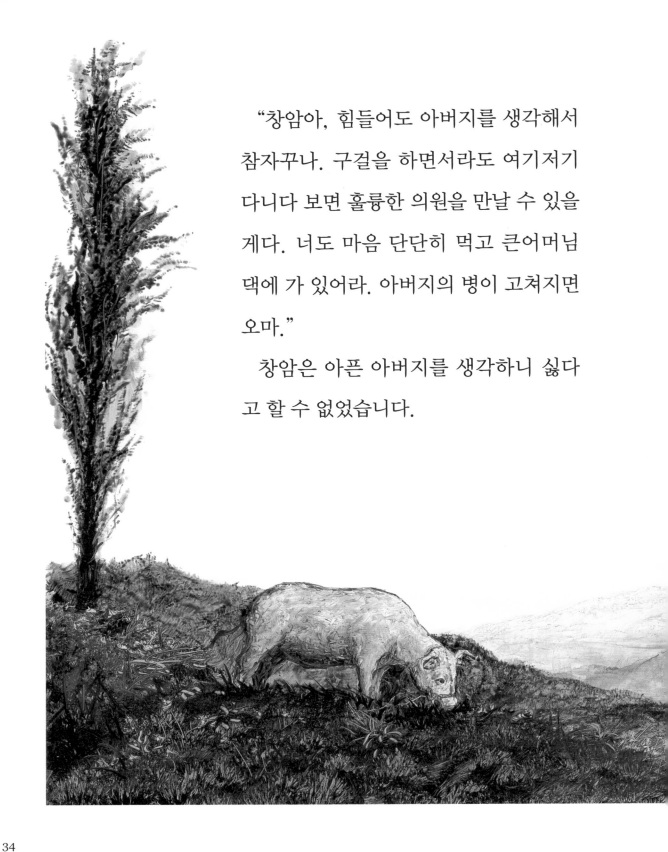

"창암아, 힘들어도 아버지를 생각해서 참자꾸나. 구걸을 하면서라도 여기저기 다니다 보면 훌륭한 의원을 만날 수 있을 게다. 너도 마음 단단히 먹고 큰어머님 댁에 가 있어라. 아버지의 병이 고쳐지면 오마."

창암은 아픈 아버지를 생각하니 싫다고 할 수 없었습니다.

큰어머니 댁에 맡겨진 창암은 사촌 형들과 지내며 소도 먹이고 집안일도 도우며 지냈어요. 공부를 하고 싶지만 그럴 형편이 아니었습니다. 어머니 아버지가 보고 싶었지만 창암은 꾹 참았습니다.

　　여기저기 떠돌아다니는 사이, 아버지의 병세가 자못 좋아졌습니다.

　　마비되었던 손발이 제법 풀리자 아버지는 식구들을 데리고 고향으로 돌아갔습니다.

해주 땅 텃골로 돌아온 것입니다. 고향에 돌아왔다고 하지
만 가진 것이 아무것도 없는 창암이네였습니다.
다행히 친척들이 이것저것을 도와주었습니다.

창암이도 다시 공부를 하게 되었습니다.

그러나 워낙 가난했기 때문에 붓이나 먹 살 돈을 마련하기는 쉽지 않았습니다. 책은 빌려서 볼 수 있었지만 붓이나 먹까지 빌려 쓸 수는 없었습니다.

"창암아, 너무 걱정 마라. 내 어떻게 해서라도 네 붓 값과 먹 값을 마련해 주마."

어머니는 남의 밭 김을 매 주거나 길쌈을 하여 모은 돈으로 붓과 먹을 사 왔습니다.

'어머니, 고맙습니다. 더욱 열심히 공부할게요.'

창암의 글공부 실력은 나날이 늘어갔습니다. 『통감』이나 『사략』처럼 어려운 역사책까지도 읽을 수 있게 되었습니다.

창암이 열네 살 무렵에는 가까운 곳에 있는 선생님들이 더 이상 가르칠 것이 없을 정도가 되었습니다.

"창암아, 한층 깊이 있는 학문을 닦을 수 있도록 뒷바라지를 더 해 주지 못해 안타깝구나. 하지만 우리 형편에 너만큼만 해도 됐다. 그러니 더 큰 공부 하려고 하지 말고 쉽게 써먹을 수 있는 글공부나 더 하도록 해라. 글 모르는 사람들이 부탁하면 편지도 써 주고, 높은 사람에게 보내는 글도 대신 써 주면서 살아라. 그러면 최소한 밥은 굶지 않을 것이다."

창암은 공부를 더 하고 싶었지만 형편을 빤히 알면서 떼를 쓸 수는 없었습니다. 창암은 생활에 필요한 여러 가지 실용문 공부를 했어요.

그러던 어느 날입니다. 나들이에서 돌아온 아버지가 이렇게 말했습니다.

"창암아, 학골에 사는 정문재라는 사람이, 양반은 아니지만 과거 시험을 보는 과문(科文)을 잘한다는구나. 과거 시험을 준비하는 사람들을 여럿 가르친대. 어디 한번 다녀 보겠느냐?"

학골이라면 창암네가 사는 텃골에서 10리쯤 떨어진 곳입니다. 좀 먼 거리지만, 창암은 그 정도는 문제가 아니라고 생각했어요.

"예, 아버지."

"다행히 너의 큰어머니와 육촌 간이라니, 부탁드리면 받아 줄 것이다."

　이렇게 해서 창암은 다시 글공부를 시작했습니다.

　큰어머니와 육촌 간이라고 공짜로 가르쳐 주겠다는 약속까

지 받았습니다.

　창암은 공부에 늦지 않기 위해 새벽에 길을 나섰습니다. 밥 그릇 망태기를 메고 험한 산길을 걸어 학골로 가는 것입니다. 다시 공부할 수 있다는 기쁨에 힘든 줄도 모르고 힘차게 걸었습니다.

　　마침내 창암은 열일곱 살 되던 해에 과거 시험을 보았습니다. 그러나 이 일은 창암에게 큰 실망을 안겨 주었어요. 부잣집 자식들이 돈을 써서 합격하거나, 돈을 받고 대신 시험을 치러 주는 사람도 있었기 때문입니다.

독립운동을 위하여 중국으로

이 무렵 나라에는 새로운 종교가 퍼지고 있었습니다. 그것은 최제우라는 사람이 만든 동학입니다. 동학에서는 상민도 양반과 다를 것 없이 똑같은 사람이라고 했습니다.

"우리 동학은 앞으로 계룡산에 새 나라를 세울 것입니다. 새 임금을 모시고 양반과 상민 모두가 평등하게 사는 멋진 나라를 열어 나갈 겁니다."

창암은 모두가 평등하다는 소리가 맘에 들었습니다. 망설이지 않고 동학 교도가 되기로 했습니다.

창암은 이름도 창수(昌洙)로 바꾸고 열심히 동학 공부를 하였습니다. 아버지도 동학 교도가 되었습니다. 창수는 다른 사람들에게도 열심히 동학에 대한 이야기를 하며 동학에 들어오도록 권했습니다. 얼마나 열심이었는지, 몇 달 지나지 않아 창수가 전도한 사람만도 수백 명이 되었습니다. 창수는 어느새 다른 사람을 가르치기 시작한 겁니다.

창수에 대한 소문이 시나브로 퍼져 나갔습니다.

"텃골에 사는 김창암이라는 사람 말이야."

"창수라고 이름을 바꾼 그 사람?"

"그래, 그래. 그 사람 공중으로도 걸어다닌다며?"

"그래, 나도 보았어. 공중으로 걸어가는 것을 이 두 눈으로 똑똑히 보았다고."

이런저런 소문들이 퍼져 가면서 많은 사람들이 창수를 찾아왔어요. 동학에 대해 물어보는 경우가 많았지만, 도술을 가르쳐 달라고 조르는 사람도 있었습니다.

그때마다 창수는 공손하게 말했어요.

"나쁜 일을 하지 않고 착한 일을 하는 것만이 동학의 바른길입니다. 저는 도술을 부릴 줄 모릅니다."

사람들은 창수의 말을 믿지 않았습니다.

"김창수 그 사람 아주 겸손해서, 몰래 도술을 부리는 게 틀림없어."

"그 사람이라면 그럴 거야. 자랑하지 않고 워낙 겸손해서 말이야."

사람들은 여기저기 모여 김창수를 칭찬하였습니다. 김창수는 차츰 유명해졌습니다. '어린 접주'라면 모르는 사람이 없을 정도였습니다. 어린데도 많은 동학 교도를 거느렸다 해서 '어린 접주'란 별명이 붙은 것입니다. 접주란 동학에서, 한 지방을 관리하는 책임자를 가리키는 말이에요. 그만큼 창수는 동학에 열심이었습니다.

양반들은 어렵고 힘들게 사는 백성들을 계속 괴롭혔습니다. 동학 교도들은 힘을 모아 싸우기로 했습니다.

"맞서 싸웁시다! 양반과 관리들의 등쌀에 더 이상 못 견디겠

어요."

고부에서 일어난 동학 농민 운동이 충청도 · 전라도 · 경상도 지방으로 퍼지자, 황해도에 사는 동학도들도 싸워야 한다고 아우성이었습니다.

"그래요, 우리도 싸웁시다!"

김창수는 앞장서서 열심히 싸웠습니다. 그러나 관군에 쫓기어 숨어 다녀야 하는 신세가 되고 말았습니다.

숨어 지내는 동안에도 김창수는 열심히 공부하면서 농민들을 위한 일을 했습니다.

학생들도 부지런히 가르쳤습니다. 그러는 동안 우리나라는 일본 사람에게 모든 걸 빼앗기고 말았습니다.

우리나라를 빼앗은 일본은 낭인(일본의 떠돌이 무사)들을 시켜 명성 황후까지 죽였습니다.

모든 백성들은 분했습니다. 그러나 큰 소리로 따질 수도 없었습니다.

일본 경찰이 칼을 차고 다녔습니다.

김창수도 다른 사람들과 함께 나라를 찾기 위한 독립운동을 하였습니다.

일본 경찰은 독립운동 하는 사람들을 잡아갔습니다. 그래서 많은 독립운동가들이 중국으로 가 일본과 싸웠습니다.

김창수도 중국으로 가기 위해 집을 나섰습니다.

국모의 원수를 갚기 위하여

중국으로 가던 어느 날 저녁, 김창수는 한 주막에서 묵고 있었습니다. 주막은 이미 사람들로 꽉 차 있었습니다. 이 방 저 방 사람들로 그득했습니다.

그들 틈에 몸을 좁혀 눈을 붙였던 김창수는 사람들이 떠드는 소리에 눈을 떴습니다.

'어? 저 사람 뭐 하는 사람이지?'

자다 깬 김창수의 눈에 이상한 사람이 보였습니다.

'머리는 중처럼 박박 깎고……. 어? 서울 말씨를 쓰네. 흰

이승만 대통령과 김구 | 대한민국 초대 대통령 이승만과 김구의 모습.

두루마기를 입었지만 뭔가 이상해.'

어느새 먼동이 트고 있었습니다. 김창수는 안 보는 척하며 계속 수상한 사람을 지켜보았습니다.

'저건 군인들이 쓰는 칼이야.'

흰 두루마기 밑으로 칼집 끝이 조금 보였습니다.

'저놈이 수상하다. 아무래도 우리나라 사람이 아니야. 왜놈이다. 왜놈이 분명해. 근데 무엇 때문에 저렇게 변장을 했을까? 수상해. 아무래도 수상해. 장사를 하거나 공장을 하려고 들어온 일본 사람이라면 저렇게 변장할 필요가 없지. 뭔가를

알아내려고 돌아다니는 왜놈이 틀림없어.'

김창수의 온몸은 뜨겁게 확 끓었습니다. 일본 낭인에게 죽임을 당한 명성 황후가 떠올랐기 때문입니다.

'저놈일까? 저놈이 우리 국모를 죽인 놈일까? 그럴지도 모르지. 그러니까 저렇게 조선 옷을 입고 변장을 했지. 좋다. 내가 원수를 갚아 주마.'

김창수는 쿵쿵 뛰는 가슴을 누르며 밥 한 그릇을 시켜 먹었습니다. 그리고 조용히 주인을 불렀습니다.

"오늘 나는 해가 지기 전에 칠백 리 먼 길을 가야 합니다. 그러니 밥 일곱 상을 더 차려 주시오."

김창수는 일부러 엉뚱한 말을 했습니다. 주인은 어이없다는 듯이 혀를 찼고 손님들도 자기들끼리 수군거렸습니다.

"쯔쯔쯧, 젊은 사람이 돌았어. 밥 일곱 상을 차려 달라니 말이 돼?"

"그러게 말이야. 젊은 사람이 안됐군."

김창수는 사람들이 수군대는데도, 태연하게 수상한 자를 눈

여겨보았습니다. 그 수상한 사람은 아침밥을 다 먹고 밖으로 나갔습니다.

김창수는 벌떡 일어났습니다.

"이놈!"

김창수는 수상한 사람의 배를 잽싸게 걷어찼습니다.

수상한 사람은 마당에 나가떨어졌고 김창수는 재빨리 그 사람의 목을 발로 눌렀습니다.

"이게 무슨 소리야?"

뜻밖의 소동에 방에 있던 손님들이 모두 나왔습니다.

"저 사람이 정말 미쳤나 보네. 왜 죄 없는 사람을 저렇게 짓밟고 있대?"

어떤 사람들은 말려야 한다고 식식거리며 다가왔습니다.

"가까이 오지 마시오! 가까이 오지 말아요!"

김창수가 우렁차게 소리쳤습니다. 가까이 오던 사람들이 주춤할 정도로 그 소리는 우렁찼습니다.

"이놈은 왜놈이 분명하오. 누구든지 이놈을 위한다고 나에게 손을 댄다면 내가 용서하지 않을 것이오."

창수가 주위에 몰려든 사람들에게 이야기하는 동안 목이 눌렸던 사람은 날렵하게 몸을 빼내었습니다.

그 사람도 보통이 아니었습니다. 칼을 빼 들고 덤벼들었습니다. 그러나 김창수가 한 수 위였습니다.

그 사람이 휘두르는 칼을 피하면서 옆구리를 힘차게 걷어찼

습니다.

"윽!"

걷어차인 그 사람이 고꾸라졌습니다. 김창수는 쓰러진 채 칼을 잡은 그 사람의 손목을 있는 힘을 다해 밟았습니다. 그러자 그 사람이 칼을 놓았습니다.

김창수가 그 칼을 재빨리 집어 들고 소리쳤습니다.

"이 원수 놈! 우리 국모를 죽인 놈! 이놈!"

김창수는 빼앗은 칼로 일본 사람의 목을 베었습니다. 그것을 보며 사람들은 와들와들 떨었습니다. 조금 전 김창수를 미친 놈이라 수군대던 사람들과 말리려 했던 사람들은 얼굴이 백지장처럼 되었습니다.

"살려 주십시오. 우리는 그자가 왜놈인 줄도 모르고 말리려 했던 겁니다."

"저희는 그저 아무것도 몰라서 미쳤다고 했습니다. 용서해 주십시오."

김창수는 그 사람의 짐을 다 뒤졌습니다.

그의 신분증이 나왔습니다.

"이놈의 신분증이오. 일본군 중위 스치다란 놈입니다."

스치다의 짐에는 돈도 8백 냥이 들어 있었습니다.

김창수는 그 돈을 집주인에게 주며 가난한 사람들에게 나누어 주도록 부탁했습니다.

"종이와 붓이 있으면 좀 주시겠소?"

김창수는 집주인이 마련해 준 종이에 큼직하게 썼습니다.

국모의 원수를 갚으려고 이 왜놈을 죽였노라.

해주 텃골 김창수

"이걸 사람들이 많이 드나드는 길 벽에 붙여 주시오. 그리고 안악 군수에게도 내가 원수를 갚았다고 알려 주시오."

스물한 살의 김창수는 이 말을 남기고 천천히 발길을 돌려 고향으로 향했습니다.

　　이 일로 김창수는 결국 감옥에 갇히게 되었습니다. 그러나 김창수는 후회하지 않았습니다.

　　감옥에 갇혀서도 김창수는 열심히 책을 읽었고 죄수들을 가르쳤습니다. 김창수는 사형될 날을 받아 놓고 있었지만 슬퍼하지 않고 책을 읽었습니다.

　　김창수가 사형을 당하는 날 뜻밖에도 놀라운 소식이 감옥에 날아들었습니다.

　　"김창수는 사형이 면제되었소. 고종 황제께서 김창수의 애국심을 칭찬하여 사형을 면하게 한 거요."

　　'전하께서도 내가 죄인이 아니라는 걸 아신 거야. 내가 여기 감옥에 갇힌 것은 일본 때문이야. 그래, 탈출하자!'

　　김창수는 감옥을 탈출하였습니다.

대한민국
임시 정부

고향으로 돌아온 김창수는 이름을 김구(金龜)로 바꾸고 여러 가지 일을 했습니다. 일본 경찰이 왔다 갔다 했지만 감옥을 탈출한 김창수라는 것을 몰랐습니다.

김구는 공립 학교에서 아이들을 가르치며 나라를 찾기 위한 일을 생각했습니다. 최준례라는 아가씨를 만나 결혼도 했습니다. 그러나 그가 가장 중요하게 생각한 것은 우리나라의 독립이었습니다. 독립운동을 위해 일하는 여러 사람들을 만나며 나라를 위한 일을 열심히 했습니다. 농민들도 가르치고 학

임시 정부 경무국장 때의 김구 | 양복을 입고 콧수염을 붙여 변장한 모습입니다.

생들도 열심히 가르쳤습니다.

일본 경찰은 눈에 불을 켜고 김구를 감시했습니다. 그래서 다시 감옥에 갇혔습니다. 김구는 감옥에서 이름을 김구(金九), 호를 '아주 평범한 사람'이라는 뜻으로, 백범(白凡)이라고 지었습니다.

1919년 3·1 독립운동이 일어나자 일본 경찰은 우리나라 사람들을 더욱 괴롭혔습니다. 많은 애국자들이 잡혀갔습니다. 애국자들은 나라를 떠나 중국으로 갔습니다. 좀 더 자유롭게 독립운동을 하기 위해서였습니다.

‘나도 중국으로 가자.’

김구는 장사꾼으로 변장을 하고 중국으로 건너갔습니다. 김구가 중국 상하이에 도착했을 무렵 그곳에 있던 독립운동가들은 대한민국 임시 정부를 막 세웠습니다. 김구는 임시 정부의 내무총장인 안창호에게 임시 정부의 문지기를 시켜 달라고 부탁했습니다.

"문지기라니 당치도 않습니다. 김구 선생께서 문지기를 맡으면 후배들이 얼마나 불편해하겠습니까? 경무국장을 맡아 주세요."

김구는 두 손을 저으며 사양했지만 안창호의 간절한 부탁으로 경무국장을 맡았습니다. 그 뒤 여러 가지 일을 맡아 열심히 일하다가 1926년, 임시 정부 최고 책임자인 국무령이 되었습니다. 지금으로 말하면 대통령 같은 자리입니다. 김구는 우리나라의 독립을 위해 있는 힘을 다해 일했습니다.

망할 것 같은 일본은 망하지 않고 중국까지 손아귀에 넣으려고 하였습니다. 1932년 상하이에서 중국군을 물리친 일본은 더욱 신이 나서 큰소리를 쳤습니다.

"조선도 우리 손에 들어왔고 중국도 덩치만 컸지, 우리에게 못 당한다."

신이 난 일본군은 1932년 4월 29일, 상하이 훙커우 공원에서 일본 천황의 생일인 천장절 잔치를 크게 벌이기로 했습니

다. 전쟁에서 계속 이기고 있다는 것을 자랑하기 위한 경축 행사입니다.

김구는 그날 행사에 일본의 높은 사람들이 온다는 것을 신문을 보고 알았습니다.

'어떻게 해서라도 이날 행사 때 우리 대한민국이 죽지 않았다는 것을 보여 주어야 해.'

김구가 이런 생각을 할 무렵 윤봉길이란 청년이 김구를 찾아왔습니다.

"김구 선생님, 저는 나라를 위해 이 목숨을 바치기로 했습니다. 우리나라의 독립을 위해 할 수 있는 일을 맡겨 주십시오."

"오, 고맙소. 그대 같은 젊은이를 찾던 중이었소. 천장절 행사 때 일본에 폭탄을 던집시다!"

윤봉길은 김구의 도움과 지도를 받으며 그날 사용할 폭탄을 준비했습니다.

마침내 4월 29일 아침, 김구의 지도를 받은 윤봉길은 폭탄이 담긴 도시락통과 물병을 들고 행사장으로 갔습니다. 일본

38선에서의 김구 | 1945년 해방된 우리나라는, 남북이 38선을 경계로 나뉘어져 미국과 소련의 신탁 통치를 받게 되었습니다. 김구는 신탁 통치를 반대하였습니다.

의 높은 사람들이 경축대 위에 서 있는 게 보였습니다.

11시 40분, 윤봉길은 폭탄이 담긴 물병을 경축대를 향해 힘껏 던졌습니다.

꽝! 물병 폭탄이 터지자 천장절 경축 행사장은 아수라장이 되고 말았습니다. 일본의 높은 군인들과 관리들이 죽거나 크게 다쳤습니다.

"저놈 잡아라!"

윤봉길은 비록 잡혔지만 왜놈들은 깜짝 놀랐습니다.

중국의 총통도 '우리 중국의 백만 군대가 못한 일을 한국의 젊은이가 해냈다. 대한민국 사람들이 참으로 훌륭하다.'며 놀

라워하였습니다. 그러나 이 일로 김구는 계속 쫓겨 다녀야 했습니다. 윤봉길에게 폭탄을 던지게 한 사람이 김구라는 것을 알았기 때문입니다.

1945년 8월 15일, 일본이 물러가고 우리나라는 광복을 맞이하였습니다. 온 나라가 만세 소리로 뒤덮였어요.

김구는 광복을 맞은 우리나라로 돌아왔습니다. 그러나 우리나라는 또 남북이 갈라져 시끄럽게 싸웠습니다.

'큰일이야. 일본은 물러갔지만 이러다가 우리나라가 두 동강이 나고 말겠어.'

김구의 걱정대로 우리나라는 남과 북으로 나누어지고 말았습니다.

'어떻게 해서든 남과 북이 하나가 되어야 해.'

김구는 둘로 갈라진 나라를 생각하며 슬퍼하였습니다. 여기저기 쫓아다니며 남과 북을 하나로 만들기 위해 있는 힘을 다했습니다.

신탁 통치 반대 전국 대회 | 1945년 12월 31일, 서울 운동장에서 열린 신탁 통치 반대 전국 대회에서 연설하는 김구.

　그러던 어느 날입니다. 김구를 미워하는 사람이 보낸 안두희의 총에 맞아 김구는 그만 세상을 떠나고 말았습니다. 1949년 6월 26일이었어요.

　그토록 조국 통일을 원했지만 끝내 통일되는 것을 보지 못하고 세상을 떠난 것입니다. ✿

연 대	발 자 취
1876년(1세)	음력 7월 11일, 황해도 해주 백운동 텃골에서 태어나다. 첫 이름은 '김창암'.
1893년(18세)	동학 교도가 되고 몇 달 지나지 않아 접주가 되다.
1894년(19세)	동학군의 선봉장이 되어 해주성을 공격하다.
1896년(21세)	국모의 원수를 갚는다고 일본군 중위 스치다를 죽이고 인천 감옥에 갇히다.
1911년(36세)	안명근 사건 관련자로 체포되어 17년형을 선고 받고, 서대문 감옥에 갇히다.
1914년(39세)	감옥에서 이름을 구(九), 호를 백범(白凡)으로 고치다.
1919년(44세)	3·1운동 후 중국 상하이로 망명하여 대한민국 임시 정부에서 일하기 시작하다.
1926년(51세)	임시 정부의 국무령이 되다.
1931년(56세)	이봉창에게 일본 천황을 암살하게 했으나 실패하다.
1932년(57세)	윤봉길에게 상하이 홍커우 공원에서 열린 일본의 천장절 행사장에 폭탄을 던지게 해 일본 장군과 관리들을 죽게 하다.
1945년(70세)	일본의 항복으로 해방을 맞아 27년 만에 고국으로 돌아오다.
1948년(73세)	'삼천만 동포에게 읍고함'이란 성명을 발표하고 조국 통일에 목숨을 바칠 각오를 밝히다.
1949년(74세)	6월 26일, 육군 소위 안두희가 쏜 총에 맞아 세상을 떠나다. 7월 5일, 전 국민의 울음 속에 효창 공원에 묻히다.

1. 청년 시절, 창암은 새롭게 퍼진 종교에 관심을 가지게 되었습니다. 그 종교는 누가 만든 어떤 종교인가요? 그리고 창암이 새로운 종교에 관심을 가지게 된 것은 그 종교의 어떠한 점 때문인가요?

---

2. 부지런히 글공부를 한 창암은 열일곱 살이 되던 해 과거 시험을 보았습니다. 그러나 이 일은 창암에게 큰 실망을 안겨 주었습니다. 도대체 어떤 일이 있었기 때문일까요?

> 마침내 창암은 열일곱 살 되던 해에 과거 시험을 보았습니다. 그러나 이 일은 창암에게 큰 실망을 안겨 주었어요. 부잣집 자식들이 돈을 써서 합격하거나, 돈을 받고 대신 시험을 치러 주는 사람도 있었기 때문입니다.

---

3. 중국으로 가던 중 김창수는 한 주막에서 만난 수상한 사람이 일본 사람이라고 단정하고 그를 공격하여 목을 베었습니다. 이러한 김창수의 행동에 대해 어떻게 생각하는지, 찬성과 반대 의견을 말해 보세요.

김창수는 쓰러진 채 칼을 잡은 그 사람의 손목을 있는 힘을 다해 밟았습니다. 그러자 그 사람이 칼을 놓았습니다.

김창수가 그 칼을 재빨리 집어 들고 소리쳤습니다.

"이 원수 놈! 우리 국모를 죽인 놈! 이놈!"

김창수는 빼앗은 칼로 일본 사람의 목을 베었습니다. 그것을 보며 사람들은 와들와들 떨었습니다.

· 찬성 :

· 반대 :

4. 김구 선생님에 관한 이야기를 재미있게 읽었나요? 그럼 여러분의 마음
   을 담아 김구 선생님에게 보내는 편지를 써 보세요.

풀이

1. 최제우가 만든 동학. 양반과 상민 모두가 평등하다는 말이 마음에 들었기 때문이다.

2. 부잣집 자식들이 돈을 써서 합격하거나, 돈을 받고 대신 시험을 치러 주는 사람도 있었기 때문에 실망을 하였다.

3. 예시 : ·찬성 – 김창수가 본 수상한 사람은 흰 두루마기 속에 일본 경찰들이 쓰는 칼을 차고 있었다. 김창수는 그 모습을 보고 그가 왜놈이라는 것을 알았다. 왜냐하면 장사를 하거나 공장을 하려고 들어온 일본 사람이라면 변장을 하고 다닐 리가 없기 때문이다. 그때 우리의 국모인 명성 황후가 일본의 낭인들에게 시해를 당한 사건이 있었다. 그 왜놈이 우리 국모를 죽인 원수일 수도 있다고 생각한 김창수는 국모의 원수를 갚기 위해 그의 목을 베었다. 이러한 행동은 대한민국 국민으로서 용기 있는 행동이라고 생각한다.
   ·반대 – 주막에서 만난 왜놈이 수상쩍어 보인다고 해서 무조건 공격하여 그의 목을 벤 것은 김창수의 잘못이라고 생각한다. 그의 짐을 뒤져 그가 일본군 중위 스치다라는 것을 알아냈지만, 만약 그의 마음속에는 자신의 나라 일본이 저지른 만행을 부끄러워하고 우리나라를 도와주려는 선량한 마음이 있을 수도 있기 때문이다. 일본 사람이라고 해서 무조건 죽인 것은 잘못된 행동이라고 생각한다.

4. 예시 : 김구 선생님, 안녕하세요?
   선생님과 여러 독립운동가들의 목숨을 건 독립운동 덕분에 저희들은 지금 우리 땅에서 자유롭게 살고 있습니다. 저는 가끔 이런 생각을 합니다. 지금 만약 우리나라가 다른 나라의 지배를 받고 있다면, 나는 선생님처럼 목숨을 바쳐 독립운동을 할 수 있을까? 하고요. 솔직히 저는 그렇게 하지 못할 것 같습니다. 나라를 찾는 데 목숨을 내놓기보다는 어떻게든지 내 목숨을 지키기 위해 애를 쓸 것 같습니다. 그래서 더욱더 선생님의 나라 사랑 정신이 존경스럽습니다. 하지만 이제 저도 조금씩 달라질 것입니다. 선생님의 나라 사랑 정신을 본받아 작은 일부터 조금씩 나라 사랑 정신을 실천할 것입니다. 그 첫 번째로 음식도 가리지 않고 잘 먹어 건강한 몸을 키우고, 부모님 말씀도 잘 들으며 공부도 열심히 하여 우리나라를 위해 일하는 훌륭한 사람이 되겠습니다.

위인 (상단)

- 광개토 태왕 (374~412)
- 을지문덕 (?~?)
- 연개소문 (?~666)
- 김유신 (595~673)
- 대조영 (?~719)
- 장보고 (?~846)
- 강감찬 (948~1031)
- 최무선 (1328~1395)
- 황희 (1363~1452)
- 세종대왕 (1397~1450)
- 장영실 (?~?)
- 신사임당 (1504~1551)
- 이이 (1536~1584)
- 허준 (1539~1615)
- 유성룡 (1542~1607)
- 한석봉 (1543~)
- 이순신 (1545~)
- 오성과 한음 (오성 15.. 1618 / 한음 15.. 1613)

우리나라 역사

- 고구려 살수 대첩 (612)
- 신라 삼국 통일 (676)
- 견훤 후백제 건국 (900)
- 궁예 후고구려 건국 (901)
- 고려 강화로 도읍 옮김 (1232)
- 개경 환도, 삼별초 대몽 항쟁 (1270)
- 문익점 원에서 목화씨 가져옴 (1363)
- 최무선 화약 만듦 (1377)
- 훈민정음 창제 (1443)
- 임진왜란 (1592~1598)
- 허준 동의보감 완성 (1610)
- 병자호란 (1636)
- 상평통보 전국 유통 (1678)

- 고조선 건국 (B.C. 2333)
- 철기 문화 보급 (B.C. 300년경)
- 고조선 멸망 (B.C. 108)
- 고구려 불교 전래 (372)
- 신라 불교 공인 (527)
- 대조영 발해 건국 (698)
- 장보고 청해진 설치 (828)
- 왕건 고려 건국 (918)
- 귀주 대첩 (1019)
- 윤관 여진 정벌 (1107)
- 조선 건국 (1392)
- 한산도 대첩 (1592)

연표

B.C. 선사 시대 및 연맹 왕국 시대	A.D. 삼국 시대	698 남북국 시대	918	고려 시대	1392

2000	500	400	300	100	0	300	500	600	800	900	1000	1100	1200	1300	1400	1500	160

B.C. 고대 사회	A.D. 375 중세 사회	1400

세계 역사

- 중국 황하 문명 시작 (B.C. 2500년경)
- 인도 석가모니 탄생 (B.C. 563년경)
- 알렉산더 대왕 동방 원정 (B.C. 334)
- 크리스트교 공인 (313)
- 게르만 민족 대이동 시작 (375)
- 로마 제국 동서로 분열 (395)
- 수나라 중국 통일 (589)
- 이슬람교 창시 (610)
- 수 멸망 당나라 건국 (618)
- 러시아 건국 (862)
- 거란 건국 (918)
- 송 태종 중국 통일 (979)
- 제1차 십자군 원정 (1096)
- 테무친 몽골 통일 칭기즈 칸이 됨 (1206)
- 원 제국 성립 (1271)
- 원 멸망 명 건국 (1368)
- 잔 다르크 영국군 격파 (1429)
- 구텐베르크 금속 활자 발명 (1450)
- 코페르니쿠스 지동설 주장 (1543)
- 도요토미 히데요시 일본 통일 (1590)
- 독일 30년 전쟁 (1618)
- 영국 청교도 혁명 (1642~)
- 뉴턴 만유인력 법칙 발견 (1665)

- 석가모니 (B.C. 563?~ B.C. 483?)
- 예수 (B.C. 4?~ A.D. 30)
- 칭기즈 칸 (1162~1227)

한국사 주요 인물

- 정약용 (1762~1836)
- 김정호 (?~?)
- 주시경 (1876~1914)
- 김구 (1876~1949)
- 안창호 (1878~1938)
- 안중근 (1879~1910)
- 우장춘 (1898~1959)
- 유관순 (1902~1920)
- 방정환 (1899~1931)
- 윤봉길 (1908~1932)
- 이중섭 (1916~1956)
- 백남준 (1932~2006)
- 이태석 (1962~2010)

한국사 주요 사건

- 최제우 동학 창시 (1860)
- 강화도 조약 체결 (1876)
- 동학 농민 운동, 갑오 개혁 (1894)
- 을사 조약 (1905)
- 헤이그 특사 파견, 고종 퇴위 (1907)
- 한일 강제 합방 (1910)
- 8·15 광복 (1945)
- 6·29 민주화 선언 (1987)
- 이승훈 천주교 전도 (1784)
- 김정호 대동여지도 제작 (1861)
- 지석영 종두법 전래 (1879)
- 갑신 정변 (1884)
- 대한 제국 성립 (1897)
- 3·1 운동 (1919)
- 어린이날 제정 (1922)
- 윤봉길·이봉창 의거 (1932)
- 대한 민국 정부 수립 (1948)
- 6·25 전쟁 (1950~1953)
- 10·26 사태 (1979)
- 서울 올림픽 개최 (1988)
- 북한 김일성 사망 (1994)
- 의약 분업 실시 (2000)

시대 구분

조선 시대	1876 개화기	1897 대한 제국	1910 일제 강점기	1948 대한민국

1700	1800	1850	1860	1870	1880	1890	1900	1910	1920	1930	1940	1950	1970	1980	1990	2000

근대 사회						1900 현대 사회										

세계사 주요 사건

- 미국 독립 선언 (1776)
- 프랑스 대혁명 (1789)
- 청·영국 아편 전쟁 (1840~1842)
- 미국 남북 전쟁 (1861~1865)
- 베를린 회의 (1878)
- 청·프랑스 전쟁 (1884~1885)
- 청·일 전쟁 (1894~1895)
- 헤이그 평화 회의 (1899)
- 영·일 동맹 (1902)
- 러·일 전쟁 (1904~1905)
- 제1차 세계 대전 (1914~1918)
- 러시아 혁명 (1917)
- 세계 경제 대공황 시작 (1929)
- 제2차 세계 대전 (1939~1945)
- 태평양 전쟁 (1941~1945)
- 국제 연합 성립 (1945)
- 소련 세계 최초 인공위성 발사 (1957)
- 제4차 중동 전쟁 (1973)
- 소련 아프가니스탄 침공 (1979)
- 미국 우주 왕복선 콜럼비아호 발사 (1981)
- 독일 통일 (1990)
- 유럽 11개국 단일 통화 유로화 채택 (1998)
- 미국 9·11 테러 (2001)

세계사 주요 인물

- 워싱턴 (1732~1799)
- 페스탈로치 (1746~1827)
- 모차르트 (1756~1791)
- 나폴레옹 (1769~1821)
- 링컨 (1809~1865)
- 나이팅게일 (1820~1910)
- 파브르 (1823~1915)
- 노벨 (1833~1896)
- 에디슨 (1847~1931)
- 가우디 (1852~1926)
- 라이트 형제 (형. 윌버 1867~1912 / 동생. 오빌 1871~1948)
- 마리 퀴리 (1867~1934)
- 간디 (1869~1948)
- 아문센 (1872~1928)
- 슈바이처 (1875~1965)
- 아인슈타인 (1879~1955)
- 헬렌 켈러 (1880~1968)
- 테레사 (1910~1997)
- 만델라 (1918~2013)
- 마틴 루서 킹 (1929~1968)
- 스티븐 호킹 (1942~2018)
- 오프라 윈프리 (1954~)
- 스티브 잡스 (1955~2011)
- 빌 게이츠 (1955~)

2022년 7월 25일 2판 5쇄 **펴냄**
2014년 2월 25일 2판 1쇄 **펴냄**
2008년 1월 15일 1판 1쇄 **펴냄**

펴낸곳 (주)효리원
펴낸이 윤종근
글쓴이 송재찬 · **그린이** 원유성
사진 제공 (사)백범김구선생기념사업협회
등록 1990년 12월 20일 · **번호** 2-1108
우편 번호 03147
주소 서울시 종로구 삼일대로 457, 406호
전화 02)3675-5222 · **팩스** 02)765-5222

ISBN 978-89-281-0333-1 64990

이메일 hyoreewon@hyoreewon.com
홈페이지 www.hyoreewon.com